# Bunter Kinder-Kosmos

# Bunter Kinder-Kosmos

## Tiere aus Prärie und Strom

Kosmos · Gesellschaft der Naturfreunde
Franckh'sche Verlagshandlung · Stuttgart

Titel der italienischen Originalausgabe
GUARDA E SCOPRI GLI ANIMALI
DEL NORD AMERICA

Herausgeber und künstlerische Leitung
RINALDO D. D'AMI

Mit 223 farbigen Illustrationen von
ANDREW W. ALLEN, OLIMPIA BONANNO
SERGIO BUDICIN, TINO CHITO,
JAMES H. CRACKNELL, EDWARD S. DACKER,
GIORGIO DEGASPARI, BRUNO FAGANELLO,
GIUSEPPE FESTINO, EZIO GIGLIOLI,
ROBERTO LEMMI, MARIO STRAFORINI,
M. FAUSTA VAGLIERI, GUIDO ZUCCA

Italienische Originalausgabe
PRODUZIONI EDITORIALI D'AMI

Übersetzt ins Deutsche von
INGEBORG UNTERREINER

Noch viele andere Tiere
zeigen weitere Bände des Bunten Kinder-KOSMOS
TIERE IN HAUS UND GARTEN (I)
TIERE IN FELD UND HOF (II)
TIERE IN WALD UND FLUR (III)
TIERE IN FLUSS UND TEICH (IV)
TIERE IN SCHILF UND SEE (V)
TIERE AUS BERG UND TAL (VI)
TIERE IN EIS UND SCHNEE (VII)
TIERE IN URWALD UND WÜSTE (VIII)
TIERE AN STRAND UND KÜSTE (IX)
TIERE AUS PAMPA UND TROPENWALD (X)
TIERE AUS STEPPE UND DSCHUNGEL (XI)
TIERE AUS OZEAN UND TIEFSEE (XII)
TIERE DER UR- UND VORZEIT (XIV)

2. Auflage, 21.–40. Tausend
Franckh'sche Verlagshandlung, W. Keller & Co.,
Stuttgart / 1973

LH 12 Ste / ISBN 3-440-03924-2
Printed in Italy / Imprimé en Italie
Gesamtherstellung: Stab. Grafico Marietti, Torino

Mit seinen riesigen Wäldern und Prärien, seinen einsamen Wüstengebieten und gewaltigen Strömen ist Nordamerika die Heimat der schönsten und verschiedenartigsten Tiere. Hier sind Wölfe, Hirsche, Pumas, Rotluchse und viele andere Pelztiere zu Hause. Die gefährliche Klapperschlange liegt nur scheinbar schläfrig im Schatten — in Wirklichkeit ist sie ständig auf der Lauer nach einer fetten Beute. Doch die meisten Tiere Nordamerikas gehen erst nach Einbruch der Dämmerung auf Beutefang. Bevor der riesige Grislybär seinen Winterschlaf antritt, frißt er sich noch einmal ordentlich satt, denn in der kalten Jahreszeit gibt es keine Nahrung für ihn. Die Kanadagans zieht im Winter dagegen in wärmere Gebiete; sie kehrt aber jedes Jahr wieder an ihren Nistplatz zurück, um dort zu brüten. Dem Baumstachelschwein gehen die meisten Tiere aus dem Weg, denn es hat eine gefährliche Waffe — seine Stacheln sind mit Widerhaken versehen! Und das Opossum brütet seine Jungen in einem Brutbeutel aus — genau wie das Känguruh!

Mehr über diese und noch viele andere interessante Tiere kann man in diesem neuen Band des Bunten Kinder-Kosmos nachlesen und auf den 223 bunten Bildern entdecken. Er bietet einen aufregenden Streifzug von den eisigen Polargegenden des hohen Norden bis hin zu den Hochebenen Mexikos.

Walroß
Ohrenalk
Eiderente
Ren
Papagei-
taucher
Schneegans
Dickhornschaf
Polarfuchs
Elch
Moschusochse
Seebär
Kodiakbär
Baumstachelschwein
Wolf
Halsband-
lemming
Wapiti-
hirsch
Kanadaluchs
Silberalk
Kragenente
Schneeziege
Backenhörnchen
Seeotter
Grislybär
Bison
Kanadagans
Weißwed
Weißkopfseeadler
Stinktier
Amerikanischer
Dachs
Biber
Puma
Heulwolf
Kalifornischer
Seelöwe
Gabelbock
Rotluchs
Präriehund
Kragenhuhn
Rennkuckuck
Krustenechse
Katzenfrett
Meerespelikan
Braun-
grauer
Nasenbär
Geierschildkröte
Nabelschwein
Neunbinden-
Gürteltier
Schwertfisch
Ozelot
Pfefferfresser
Tapir
Ameisenbär

# Zoologische Karte von Nordamerika

Wer die nebenstehende Karte genau betrachtet, entdeckt bald, daß es in Nordamerika zwar nicht sehr viele, dafür aber um so außergewöhnlichere Tiere gibt, zum Beispiel das Opossum, den Bison und das Stinktier. Es gibt nur wenige Wildkatzen und überhaupt keine Affen, dafür aber sehr viele große und kleine andere Säugetiere, Vögel und Kriechtiere.

Das Kleinstwiesel lebt in Kanada und im Norden der Vereinigten Staaten. Es ist nur 15 Zentimeter lang und das kleinste lebende Raubtier.

Die Buschratte ist ein wahrer Baumeister und sammelt mit Vorliebe glänzende Gegenstände.

In den gemäßigten Gebieten Nordamerikas lebt die Brautente. Sie ist eine der schönsten und farbenprächtigsten Enten, die es gibt.

Von den Küsten Maines bis nach Mexiko ist der Schwertschwanz zu finden. Das 50 Zentimeter lange, wirbellose Tier gibt es schon seit rund 200 Millionen Jahren!

Die 22 Zentimeter lange Winternachtschwalbe lebt in Kanada und in den Vereinigten Staaten. Sie hält einen Winterschlaf und wacht erst im Frühling, wenn es genügend Insekten gibt, wieder auf.

Das hier abgebildete Tier ist ein Sternmull – und seine 22 winzigen Fühler sind Sinnesorgane.

Zwischen Columbien und Florida lebt der 1 Meter lange Aalmolch, der zu den Schwanzlurchen zählt. Er hat zwei „Beine“ und macht gelegentlich Ausflüge an Land.

Der Jaguarundi, eine Wieselkatze, ist für gewöhnlich grau, doch vereinzelt findet man auch Tiere mit otem Pelz.

# Der Bison

Der berühmte Held des Wilden Westens, Buffalo Bill, hat in Wirklichkeit nie einen Büffel, sondern immer nur Bisons getötet. Es hat sich aber allgemein eingebürgert, von „Büffeln“ zu reden, obwohl es diese Tiere in Amerika gar nicht gibt! Der Bison ist ein Wildrind, wird bis zu 3,5 Meter lang und kann über 1000 Kilogramm schwer werden. Bis zur Erschließung Nordamerikas zogen beinahe unermeßliche Herden von Bisons umher. Die Prärieindianer lebten von den Büffeln und bereiteten aus dem getrockneten und zerriebenen Fleisch das „Pemmikan“, eine Art Fleischmehl, das ihr Hauptnahrungsmittel im Winter darstellte. Doch mit den ersten Einwanderern kamen auch Schußwaffen ins Land, mit denen man in viel kürzerer Zeit weit mehr Tiere vernichten konnte als die Indianer mit Pfeil und Bogen. Oft wurden nur die Zungen und Felle der Bisons verwendet, das Fleisch blieb liegen und verfaulte. Um die Jahrhundertwende war der Bison nahezu ausgerottet, bis er dann endlich 1902 unter Naturschutz gestellt wurde.

*Weißt du,*
daß sich die Bisons gern im Schlamm suhlen und sehr gut schwimmen können?

Jahrhundertelang waren Millionen von Bisons über die ganze Prärie verbreitet. Sie waren für die Indianer lebenswichtig, denn sie lieferten ihnen Fleisch und Felle. Mit den europäischen Einwanderern kamen auch Pferde nach Nordamerika. Die Indianer konnten gut mit ihnen umgehen, und bald waren sie eine große Hilfe bei der Bisonjagd.

Wie die meisten großen Säugetiere werden auch die Bisons von Parasiten geplagt. Aber ein kleiner Vogel, der Schwarze Kuhstärling, hilft ihnen, sich von den lästigen Mitbewohnern zu befreien.

Die Bisonbullen kämpfen wild um die Kühe. Zuerst mustern sich die beiden Streitenden, dann schnauben sie sich an, trampeln mit den Hufen, gehen im Galopp aufeinander los und lassen ihre Köpfe mit einem dumpfen Knall aufeinanderprallen.

Die Bisons, die in der Nähe von warmen Quellen (die Geysire genannt werden) leben, haben es gut, denn sie brauchen im Winter nicht zu hungern. Die warmen Quellen lassen den Schnee schmelzen — und darunter kommen viele saftige Kräuter zum Vorschein.

Alte und kranke Tiere verlieren im Winter manchmal ihre Herde. Hungrige Wölfe stürzen sich bald auf die unerhofft große Beute, denn ohne den Schutz der Herde ist das kranke Tier hilflos.

# Das Backenhörnchen

Das Backenhörnchen hat sehr viel Ähnlichkeit mit unserem Eichhörnchen; im Gegensatz zu ihm ist es aber nur 15 Zentimeter lang, hat einen gestreiften Rücken und ein spitzeres Maul. Das kleine Hörnchen ist flink, neugierig und immer auf Nahrungssuche. Mit wahrer Leidenschaft sammelt es unermüdlich Futter und stopft sich die Backentaschen damit voll. Seine „Wohnung“ ist in Vorratskammern, Kinder- und Elternzimmer unterteilt — und sogar die „Sanitären Anlagen“ fehlen nicht! Mit ausreichend Nahrung versorgt, halten die Tiere einen Winterschlaf. Es kann passieren, daß ein Braunbär nach den Vorräten der kleinen Säugetiere gräbt und versehentlich dann auch das schlafende Backenhörnchen frißt!

*Weißt du,*
daß die Backenhörnchen in manchen amerikanischen Naturschutzparks so zahm sind, daß sie ohne Scheu die Taschen der Besucher nach Futter durchsuchen?

**Nahrung:**

Wenn sich zwei Backenhörnchen treffen, berühren sie sich zärtlich mit den Nasenspitzen. Dann beginnt eine „Unterhaltung“ mit kurzen Zwitschertönen, die ähnlich wie Vogelgesang klingen.

Das Backenhörnchen hat zahlreiche Feinde: Adler, Falken, Schlangen, Luchse, Bären und sogar Hunde. Hier wird es von einem Wiesel angegriffen, und vor Schreck ist es wie erstarrt!

Der Eingang zur Höhle eines Backenhörnchens ist meist in einem Baumstumpf oder unter dem Gebüsch versteckt. Der Tunnel geht zuerst senkrecht in die Erde und wird dann waagerecht. Die verschiedenen Vorratskammern sind vollgefüllt mit Nahrung; außerdem gibt es ein mit Moos und Blättern gepolstertes Zimmer für die Jungen. Ganz hinten kommen dann die Zimmer der Eltern und die „Sanitären Anlagen“.

Die Backenhörnchen sind neugierig und lebhaft. Sie dringen in Speicher, Vorratskammern, Korn- und Getreidelager ein und sammeln alles, was sie bekommen können. Sie steigen auf die Futterplätze der Vögel und stopfen ihre Backentaschen mit Nahrung voll.

Es ist nicht schwierig, ein Backenhörnchen zu zähmen. Die intelligenten Nagetiere fressen schon nach wenigen Tagen furchtlos aus der Hand.

# Das Kragenhuhn

In den nordamerikanischen Wäldern hört man im Frühjahr oft recht seltsame, knarrende Geräusche, die an das Motorengeräusch eines Autos erinnern. Sie stammen von dem 42 Zentimeter großen Kragenhahn, der seinem Weibchen auf sehr eigenartige Art und Weise den Hof macht: Er bläht den Federkragen an seinem Hals auf, spreizt die Schwanzfedern zu einem Fächer und beginnt, immer schneller mit den Flügeln zu schlagen. Mit zunehmender Geschwindigkeit wird dadurch ein immer stärker anwachsendes Geräusch erzeugt, das sich zu einem wahren Trommelwirbel steigert. Von einer Sekunde zur anderen hört der Kragenhahn dann plötzlich auf, und erst nach einer längeren Ruhepause beginnt er wieder von neuem mit seiner „Brautwerbung“!

*Weißt du,*
daß dem Kragenhuhn im Winter zusätzlich Borsten zwischen den Krallen wachsen, damit es nicht im Schnee versinkt?

**Nahrung:**

Beeren

Larven und Insekten

Durch sehr schnelle Flügelbewegungen erzeugt der Kragenhahn die trockenen und lauten Töne. Er springt mit ausgebreiteten Federn und nach vorn gestrecktem Hals in die Luft und stößt dabei ein heiseres Krächzen aus. Die Weibchen werden durch den Lärm angelockt und bewundern das eindrucksvolle Schauspiel.

Das Weibchen legt sieben bis fünfzehn Eier in eine Erdvertiefung. Solange die Jungen noch nicht allein fliegen können, bleiben sie im Blattwerk versteckt und entgehen so ihren Feinden, den Füchsen, den Luchsen und den streunenden Hauskatzen.

Den Kragenhühnern macht Kälte gar nichts aus — sie können sogar längere Zeit unter einer Schneedecke sitzen! Droht ihnen Gefahr, fliegen sie in alle Richtungen davon und verstecken sich, so gut es geht, auf dem nächsten Baum.

Zur Paarungszeit kämpfen die Hähne des Mississippitales und der Wüste wild um die Weibchen. Sie blasen die Hautsäcke an ihrem Hals so groß wie Apfelsinen auf und schlagen ein Rad wie der Pfau!

Die Beifußhühner bevorzugen Gegenden, in denen sie ausreichend Salbei finden. Sie sind etwa so groß wie ein kleiner Truthahn. Auch bei diesen Hühnern werben die Männchen um die Weibchen, indem sie ihren Hals aufplustern und die Schwanzfedern spreizen.

# Der Grislybär

In vielen Abenteuer- und Indianerbüchern liest man immer wieder über den gefährlichen Grislybären. Wenn sich der riesige Bär aufrichtet, kann man schon das Fürchten lernen, denn er ist 250 Zentimeter groß und wiegt bis zu 450 Kilogramm! Der Grislybär ist der einzige Vertreter seiner Art, den man nicht als menschenscheu und friedlich bezeichnen kann. Jedes Lebewesen, das von ihm wahrgenommen wird, greift er sofort an, auch ohne Hunger. Der Grislybär kann sich sehr leise bewegen, doch wenn er in Wut oder auf der Flucht ist, dröhnt der Wald unter seinen schweren Schritten, die man noch in einem Kilometer Umkreis hören kann. Die Länge seines Winterschlafes hängt vom Klima ab – manchmal schläft er nur einige Wochen, dann wieder mehrere Monate. Wenn er erwacht, ist er abgemagert und schwach und macht sich sofort auf Nahrungssuche.

*Weißt du,*
daß die Grislybären die Türen der Jagdhütten aufbrechen, wenn sie verschlossen sind? Daß viele Jäger sie deshalb grundsätzlich offenlassen?

**Nahrung:**

Kleintiere aller Art

Pflanzenkost aller Art

Die Bärin zeigt ihren Jungen, wo man Pilze, Insekten und Obst findet, wie man Kleintiere fängt, wie man Schlangen und große Raubtiere meidet und wie man dicke, wohlschmeckende Lachse erbeutet.

Nur wenige Tiere wagen es, die Grislybären anzugreifen. Ihre hartnäckigsten und gefährlichsten Gegner sind die Wölfe. Hier verteidigt sich ein Bär gegen eine hungrige Meute, und viele der Angreifer sterben durch seine schrecklichen Prankenhiebe.

Wenn der Grislybär sehr hungrig ist, fällt er Rinder und Pferde auf der Weide an. Nachdem der Bär eines der großen Tiere getötet hat, frißt er sich satt und verscharrt die Reste, die er sich für später aufhebt, in einem Loch.

Wenn sich der erste Frost einstellt, frißt der Grislybär sich tüchtig satt. Er braucht eine Menge Fettvorräte, damit er die lange Zeit der Winterruhe ohne Nahrungsaufnahme durchstehen kann. Hier stürzt er sich gerade auf ein Karibu.

Der bekannteste und kleinste nordamerikanische Bär ist der zwei Meter lange Schwarzbär. In den amerikanischen Nationalparks nähert er sich den Autos der Besucher und bettelt um Nahrung.

Der Riese unter den Bären ist der Kodiakbär Alaskas — er ist drei Meter lang und 800 Kilogramm schwer. Er fürchtet den Menschen, doch wenn er angegriffen wird, verteidigt er sich eisern. Er ernährt sich von Obst, Knollen, Fischen und auch von Seehunden.

# Die Schnappschildkröte

Die gefräßige, reizbare und sehr bissige Schnappschildkröte packt mit ihrem kräftigen Kiefer alles, was sie bekommen kann. Sie schreckt nicht einmal davor zurück, Schlangen anzugreifen, sie zu zerreißen und gierig zu verschlingen. Die angriffslustige Schnappschildkröte wird bis zu einem Meter lang und 20 bis 30 Kilogramm schwer. Mit den scharfen Kanten ihres riesigen Maules kann sie sehr schmerzhafte Wunden verursachen und sogar Knochen zermalmen! Doch wenn man sie am Schwanz packt und hochhebt, ist sie außer Gefecht gesetzt.

*Weißt du,*
daß sich junge Schnappschildkröten schnell an die Gefangenschaft gewöhnen? Ausgewachsene Tiere dagegen verweigern dann die Nahrung und sterben bald.

Die Schnappschildkröte ist eine schlechte Schwimmerin. Durch eine Algenschicht getarnt, die auf ihrem Panzer wächst, liegt sie stundenlang unbeweglich im Wasser. Sobald sie aber eine Beute wittert, schnappt sie nach ihr und verschlingt sie.

Schnappschildkröten werden von den Strömungen der Flüsse manchmal an die Oberfläche getrieben. Dann machen sie oft Jagd auf Wasservögel; hier zum Beispiel auf eine Stockente.

Die Schnappschildkröte ist unglaublich gefräßig. Mit einer Beweglichkeit, die man ihr kaum zutraut, stürzt sie sich manchmal sogar auf Vogelnester, um die Eier zu fressen.

Sobald die Jungen der Schnappschildkröte aus den Eiern geschlüpft sind, suchen sie nach einem Wasserlauf. Oft wird das Gelege (ca. 15 Eier) jedoch von Stinktieren entdeckt und gefressen.

Eine Verwandte der Schnappschildkröte ist die Geierschildkröte. Sie lebt im Mississippi-Becken und ist die größte Schildkröte des amerikanischen Kontinents, denn sie kann bis zu 140 Zentimeter lang werden.

Eine andere, wesentlich kleinere nordamerikanische Schildkröte ist die Dornige Weichschildkröte. Hier greift sie gerade einen Fischotter an und setzt ihn schnell außer Gefecht, indem sie ihn kräftig ins Bein beißt.

# Das Stinktier

Die Stinktiere sind langsam, überhaupt nicht scheu und sehr neugierig! Das 40 bis 50 Zentimeter große Tier hat ein auffallendes schwarz und weiß gezeichnetes dichtes Fell und einen buschigen, 25 bis 35 Zentimeter langen Schwanz. Das Stinktier ist ein Allesfresser; hauptsächlich ernährt es sich aber von Larven, Insekten und Mäusen, die es mit sehr viel Geschick fängt. Doch wer das Stinktier belästigt, bekommt sofort seine „Waffe“ zu spüren! Dann richtet sich das Tier plötzlich auf, senkt den Kopf, dreht dem Feind den Rücken zu und bespritzt ihn mit einer übelriechenden Flüssigkeit, die aus zwei Drüsen unterhalb des Schwanzes kommt. Der Gestank ist so scheußlich und durchdringend, daß er noch wochenlang an den Kleidern — oder an dem Fell der getroffenen Tiere — haftet. Wenn die ätzende Flüssigkeit in die Augen trifft, kann sie sogar zum Erblinden führen!

*Weißt du,*
daß sich Stinktiere sehr leicht zähmen lassen und dann als Mäuse- oder Rattenjäger eingesetzt werden können? Daß gezähmte Tiere im allgemeinen nicht mehr von ihrer Waffe Gebrauch machen? Trotzdem werden aber bei den meisten zahmen Tieren die Geruchsdrüsen vorsichtshalber operativ entfernt.

**Nahrung:**

Die jungen Stinktiere werden in unterirdischen Höhlen geboren und leben dort manchmal mit Murmeltieren zusammen. Bei ihren ersten Spaziergängen laufen die Jungen im „Gänsemarsch“ hinter der Mutter her. Wer ausschert, wird sofort zurechtgewiesen.

Die „Waffe“ des Stinktiers ist seinen Feinden meist gut bekannt, und nur sehr hungrige Tiere greifen es deshalb an. Dieser Dachs hat die Waffe offenbar noch nie zu spüren bekommen!

Stinktiere fressen besonders gern Honig. Da sie gegen das Gift der Bienen immun sind, können sie sich den Honig ohne Furcht rauben. In einem Bauernhof streiten sich sich um die Bienenstöcke, und die gereizten Insekten fliegen wütend heraus — doch sie werden sofort getötet und verschlungen. Abfälle haben für das Stinktier eine unwiderstehliche Anziehungskraft: Manchmal bleiben die Tiere vor lauter Gier sogar in den Konservendosen stecken, in die sie ihre Nase hineinsteckten.

Das Stinktier ist ein Nachttier und verläßt seine Höhle erst, wenn der Abend anbricht. Dann macht es sich auf die Suche nach Käfern, Heuschrecken, Mäusen und Würmern.

In Nordamerika gibt es verschiedene Arten von Stinktieren. Links ist der Fleckenskunk abgebildet (60 Zentimeter Gesamtlänge), und rechts sieht man den Weißrückenskunk (75 Zentimeter Gesamtlänge), der im Süden der USA bis nach Patagonien verbreitet ist.

# Die Seekuh

Der Körper der 2,5 bis 4,5 Meter langen Seekuh ist walzenförmig, und die runzelige Haut ist mit einer dicken Speckschicht unterlegt. Die nächsten Verwandten der Seekuh sind die Elefanten, doch davon ist kaum mehr etwas festzustellen: die Hinterbeine wurden zum platten Schwanz umgebildet, die vorderen Gliedmaßen zu breiten, kräftigen Flossen.
Die langsame und sehr träge Seekuh schläft tagsüber und durchwühlt nachts den Grund nach Algen und Wasserpflanzen. Man kann es kaum glauben — aber auf diese unförmigen Tiere werden die ganzen Märchen und Sagen, die sich um Nixen und Seejungfrauen ranken, zurückgeführt! Wenn man die plumpe, massige Seekuh betrachtet, kann man durchaus nichts Menschenähnliches an ihr entdecken, doch wer beobachtet, wie die Mutter ihr Junges „umarmt"

und an ihrer Brust säugt, versteht schon etwas besser, daß manch ein Fischer in einer dunklen Nacht die Seekuh für ein „Meerweib" (ein Mischwesen zwischen Menschenfrau und Fisch) hielt.
Wenn die Seekuh auf dem Trockenen liegt, ist sie völlig hilflos und kann erst weiterschwimmen, wenn die Flut wiederkommt.

*Weißt du,*
daß die Seekuh Töne ausstößt, wenn sie erschreckt wird? Daß sie in den USA in die Flüsse eingesetzt wird, um die Wasserhyazinthen zu fressen, die für die Flußschiffahrt ein ernsthaftes Hindernis darstellen?

Die Seekühe leben in kleinen Familien zusammen. Das Weibchen bringt jährlich nur ein einziges Junges zur Welt; ganz selten sind es auch zwei. Sobald das Junge geboren ist, drückt es die Mutter mit den Flossen ganz fest an ihre Brust und schwimmt an die Oberfläche, damit es atmen kann. Das Junge kann schon kurze Zeit unter Wasser bleiben und schwimmen. Es wird auch unter Wasser genährt, doch zwischendurch taucht die Mutter in sehr kurzen Abständen immer wieder auf.

Die Seekuh des Amazonasbeckens unterscheidet sich von ihrem „Vetter“ durch den größeren Kopf. Sie ist durch kein Gesetz geschützt und wird wegen ihres Fleisches gern von den Eingeborenen gejagt.

Nachts fressen die Seekühe mehrere Kilogramm Wasserpflanzen. Manchmal benutzen sie auch ihre Flossen, um die Nahrung besser ans Maul führen zu können.

Obwohl die Seekühe so groß sind, haben sie nur sehr schlecht entwickelte Sinnesorgane. Sie leben meist in Gruppen zusammen und werden nur selten von anderen Tieren angegriffen. Doch wenn sich die Jungen zu weit von den Eltern entfernen, werden sie manchmal von Alligatoren gefressen.

Die Dugongs sind vom Roten Meer bis zum Indischen Ozean und zur Nordwestküste Australiens verbreitet. Sie sind ebenfalls Seekühe, haben aber einen Gabelschwanz.

# Der Puma

Der Puma wird auch Kuguar, Berglöwe oder Silberlöwe genannt. Dabei ist die Bezeichnung „Löwe“ eigentlich nicht ganz richtig, denn das 160 Zentimeter lange Tier ist ein besonders großes und schönes Exemplar aus der Familie der Kleinkatzen. Der Schwanz ist noch zusätzlich 85 Zentimeter lang, und sein Kopf ist im Verhältnis zum Körper ziemlich klein.
Als Raubtier ist der Puma, der nur in der Dämmerung oder nachts auf Jagd geht, sehr gefürchtet. Mit einem Satz stürzt er sich auf seine Opfer und reißt ihnen mit den scharfen Spitzen seiner Eckzähne den Hals auf, um zuerst das Blut zu trinken. Er schleppt seine Beute nie vom Fangplatz weg, sondern deckt die Reste sorgfältig zu. Sobald er wieder hungrig ist, kehrt er zu seiner Beute zurück und frißt weiter.
Der Puma ist ein ausgezeichneter Kletterer und macht mit Leichtigkeit ungeheuer große Sprünge. Er ernährt sich hauptsächlich von großen und kleinen Säugetieren, aber auch von Vögeln.

*Weißt du,*
daß junge Pumas zahm wie Hauskatzen und sehr anhänglich werden können?

Das Puma-Weibchen bringt zwei oder drei Junge mit geflecktem Fell zur Welt; doch schon drei Monate nach der Geburt sind die Flecken verschwunden. Manche Zoologen sind der Ansicht, daß vor Jahrtausenden auch die erwachsenen Pumas ein geflecktes Fell hatten.

Der Puma kann den Jaguar nicht ausstehen. Obwohl der Puma kleiner ist, gelingt es ihm oft, die gefleckten Wildkatzen in die Flucht zu schlagen.

Der Puma springt seine Beute überraschend an und versucht, mit einer Pranke die Brust und mit der anderen den Kopf des Opfers zu treffen. Hier stürzt er sich auf einen Elch, doch er fällt nur selten so große Tiere an.

Der Puma ist weit verbreitet: Man findet ihn von Südkanada bis Patagonien. Er ist ein ausgezeichneter Jäger und greift Ziegen, Schafe, Rinder, kleinere Hirsche, Vögel und noch viele andere Beutetiere an; auch Biber sind eine willkommene Mahlzeit für ihn.

Der Puma greift aber nie den Menschen an. Es kann jedoch vorkommen, daß einsame Reisende manchmal tagelang von den Wildkatzen verfolgt werden; sie halten aber immer gebührenden Abstand!

# Das Katzenfrett

Das Katzenfrett ist sehr lichtscheu und hält sich tagsüber in Felsspalten oder Baumhöhlen versteckt. Erst nachts wird es lebhaft und kriecht dann aus seinem Versteck, um auf Beutefang zu gehen. Bei seinen Streifzügen schleicht es mit eingerolltem Schwanz umher oder galoppiert mit großen Sprüngen und sucht auf Bäumen und Felsen mit sehr viel Ausdauer nach Nahrung. Erst im Morgengrauen kehrt es wieder zu seiner Höhle zurück und legt sich schlafen.
Das Katzenfrett wird bis zu 90 Zentimeter groß; der Schwanz mißt noch zusätzlich 45 Zentimeter. Es zählt zur Familie der Kleinbären, obwohl es sehr viel mehr Ähnlichkeit mit einem Halbaffen hat. Sein Verbreitungsgebiet reicht von den trockenen Gebieten Kaliforniens bis nach Mexiko.

*Weißt du,*
daß in Nordamerika das Katzenfrett auch „Schatzgräberkatze“ genannt wird, weil es die Hütten der ersten Goldgräber von den Ratten befreite?

**Beutetiere des Katzenfretts:**

Nagetiere

Heuschrecken

Wenn das Katzenfrettweibchen Junge zur Welt bringt, jagt es sein Männchen aus der Höhle. Der Vater bezieht dann in der Nähe ein anderes Quartier und wartet auf den Augenblick, in dem er seinen Jungen die erste feste Nahrung bringen kann. Die zehn Wochen alten Jungen, die wie kleine Füchse aussehen, begleiten ihre Eltern bei der Jagd und lernen, Mäuse und kleine Reptilien zu fangen.

Beim Jagen entdeckt das Katzenfrett plötzlich zwei leuchtende Punkte in der Dunkelheit: es sind die Augen des Rotluchses. Um der Raubkatze zu entgehen, flieht es dann, so schnell es kann, in das nächste Erdloch.

Doch nicht nur Raubkatzen sind seine Feinde. Während das Katzenfrett einer Beute nachjagt, wird es von einer Eule angegriffen, die geräuschlos angeflogen kommt und es überraschend am Rücken packt.

Das Katzenfrett ist ein ausgezeichneter Kletterer und steigt sogar manchmal auf Bäume, um Vögel zu fangen. In der Zwischenzeit hat sich ein Heulwolf angeschlichen, und nun muß es auf der Spitze des Baumes ausharren, bis der Wolf wieder verschwindet.

Das Katzenfrett kann leicht gezähmt werden, besonders wenn es noch ganz jung gefangen wird. Es macht sich im Haus sehr nützlich, denn es fängt Mäuse und schädliche Insekten.

# Das Baumstachelschwein

Eine alte Volkssage berichtet, daß das Baumstachelschwein seine Stacheln wie Pfeile abschießen kann. Das wäre natürlich niemals möglich; doch eine wirksame und sehr gefährliche Waffe sind die Stacheln trotzdem! Denn wenn das 60 bis 65 Zentimeter lange Tier angegriffen wird, rollt es sich sofort zusammen, stellt die Stacheln wie kleine Lanzen auf und schlägt mit seinem Schwanz wütend nach dem Feind. Die meisten Bewohner des Waldes haben gelernt, das Baumstachelschwein in Ruhe zu lassen, doch es passiert immer wieder, daß sich ihm ein unvorsichtiges oder sehr hungriges Tier nähert. Wird es getroffen, stirbt es oft erst nach einiger Zeit, denn die mit Widerhaken versehenen Stacheln dringen immer tiefer ins Fleisch ein.

*Weißt du,*
daß das Baumstachelschwein im Winter keinen Winterschlaf hält, sondern nur manchmal tagelang reglos im Nest liegt?

**Nahrung:**

Baumrinden

Das Weibchen bringt ein voll entwickeltes und außergewöhnlich großes Junges zur Welt. Bereits eine Viertelstunde nach seiner Geburt kann das Neugeborene schon herumkrabbeln und findet dabei festen Halt an den Zweigen.

Kaum ein Tier wagt es, das Baumstachelschwein anzugreifen. Zu seinen wenigen Feinden gehören der Fuchs, der Luchs, der Adler und vor allem der Fuchsmarder, dem es gelingt, das Baumstachelschwein trotz seiner Stacheln am Hals zu packen und totzubeißen.

Ein kleiner Bär hat sich zu nahe an das stachelige Nagetier herangewagt und erhält einen Schlag mitten ins Gesicht. Die nadeldünnen, spitzen Stacheln dringen tief in sein Fleisch ein und verursachen ihm große Schmerzen.

Das Baumstachelschwein ist besonders gierig nach Salz und zernagt deshalb oft Gegenstände, die mit schweißnassen Händen angefaßt wurden. Meist sind das Kanuruder oder die Griffe von Schaufeln und Beilen.

Der Greifschwanzbaumstachler ist mit dem Baumstachelschwein verwandt und in Guayana, Venezuela und Kolumbien verbreitet. Das einen Meter lange Nagetier geht nur nachts auf Jagd und ernährt sich von Blättern, Obst und Knospen.

Die Stacheln des Baumstachelschweines wurden jahrhundertelang von den Indianern als Nähnadeln benutzt. Sie nähten und verzierten damit Mokassins, Bisonpelzjacken und Schachteln.

# Der Weißkopfseeadler

Der Weißkopfseeadler ist der Wappenvogel der Vereinigten Staaten von Amerika. Die Flügelspannweite des riesigen Vogels beträgt 210 Zentimeter! Er ist ein Vetter des Seeadlers und sieht bis auf den weißen Kopf und Schwanz auch genauso aus. Es ist sehr eindrucksvoll, wenn der 68 bis 76 Zentimeter große Vogel hoch oben am Himmel seine Kreise zieht und sich dann plötzlich ganz überraschend auf eine Beute stürzt, sie zwischen die Krallen nimmt und mit ihr davonfliegt. Der Weißkopfseeadler ist sehr kampflustig und greift alle anderen Vögel an; weniger mit der Absicht, sie zu töten, als zu dem Zweck, ihnen ihre Beute streitig zu machen. Die weiblichen Tiere sind größer und stehen den Männchen in nichts nach!

*Weißt du,*
daß die Weißkopfseeadler jahrelang dasselbe Nest benutzen? Das Material häuft sich im Laufe der Zeit so an, daß sogar dicke Baumäste unter dieser Last abbrechen!

**Nahrung:**

Wildkaninchen

Schlangen
Fische

Der Weißkopfseeadler nistet auf hohen Bäumen. Nach fünfunddreißig Bruttagen schlüpfen zwei Junge aus. Sie sind sofort hungrig und kampflustig, und jedes versucht, die Nahrung schneller an sich zu reißen.

Der Weißkopfseeadler ist ein richtiger Luftpirat. Er stürzt sich auf andere Vögel und zwingt sie, den gefangenen Fisch ihm zu überlassen. Sobald der Fischfalke die Beute losläßt, packt sie der Weißkopfseeadler im Flug.

Will der Adler eine Wildente fangen, fliegt er sie von unten an, dreht sich um und packt das Tier am Hinterleib. Fällt die Beute ins Wasser, schleppt sie der Adler bis zum Strand.

Im Winter fliegen die Weißkopfseeadler wesentlich niedriger, denn sie suchen in den Eisspalten der Seen und Flüsse nach Nahrung. Sobald sie einen Fisch erblicken, stürzen sie sich schnell auf ihn und verschlingen ihn.

Wenn es an lebender Nahrung fehlt, begnügt sich der Weißkopfseeadler mit dem Aas großer Tiere, zum Beispiel von Schafen, Ziegen und sogar Pferden. Wollen ihm Geier die Beute streitig machen, vertreibt er sie wütend.

Wie die Falken eignet sich auch der Weißkopfseeadler sehr gut zum Zähmen. Meist werden die Vögel zur Jagd abgerichtet, denn dafür sind sie ganz besonders geeignet. Hier packt ein gezähmter Adler gerade einen Leguan.

# Die Schneeziege

Es gibt in Nordamerika heute nur noch etwa 4000 Schneeziegen, denn sie wurden wegen ihres sehr begehrten weichen und weißen Fells beinahe ausgerottet! Dabei haben die 150 Zentimeter langen, dickwolligen Tiere eine ideale Tarnfarbe, denn wenn sie im Schnee liegen, kann man sie trotz ihrer dunklen Hörner und Hufe kaum von einem Schneeklumpen unterscheiden. Heute sind die Schneeziegen zum Glück durch ein sehr strenges Jagdverbot geschützt und leben in 2000 bis 4000 Meter Höhe im steilsten Gebirge Nordamerikas, den Rocky Mountains. Doch eigentlich sind sie gar keine richtigen Ziegen, sondern nahe Verwandte unserer Gemse. Genau wie diese kann auch die Schneeziege riesige Sprünge machen, gewandt klettern und sogar auf vereisten Felsvorsprüngen noch festen Halt finden. In jeder Jahreszeit finden die Wiederkäuer ausreichend Nahrung auf den kargen Hochebenen. Ihre leicht gekrümmten, spitzen Hörner sind ein sehr gefährliches Kampfmittel.

*Weißt du,*
daß die Wolle der Schneeziege feiner ist als die berühmte Kaschmirwolle?

**Die Schneeziege** ernährt sich hauptsächlich von Moosen und Flechten, aber auch von Gräsern und Sprossen. Sie frißt sehr gern Salbei und sogar Pflanzen, die für Haustiere giftig sind.

Der Schneeziege ist kein Felsen zu hoch und keine Wand zu steil. Sie kann hervorragend klettern und die steilsten Abhänge erklimmen. Die Tiere leben in Rudeln, und nur die alten Schneeziegen werden zu Einzelgängern.

In bestimmten Gegenden der Rocky Mountains gibt es sehr große Salzvorkommen. Die Schneeziegen sind dort oft zu finden, denn sie lecken — wie alle Ziegen — sehr gern Salz.

Die erwachsenen Schneeziegen leben im Hochgebirge ziemlich sicher; die jungen werden dagegen oft von Adlern bedroht — und nur durch den mutigen und rechtzeitigen Einsatz der Mutter kann der Greifvogel manchmal in die Flucht geschlagen werden.

Während des Sommers ist das Fell der Schneeziegen weniger dicht als im Winter. — Sie haben verschiedene Feinde, unter ihnen auch den Bären. Oft können sich die Schneeziegen noch in Sicherheit bringen, indem sie sich mit gewagten Sprüngen auf hohe Felsen retten.

Die Pumas schleichen sich dicht an die Schneeziegen heran und springen sie dann überraschend an. Die Tiere verteidigen sich mit ihren spitzen Hörnern, und manchmal verletzen sie die Wildkatze tödlich.

# Die Klapperschlange

Durch ihre Tarnfarbe vor Feinden gut geschützt, ruht sich die Klapperschlange tagsüber im Schatten zusammengerollt aus. Doch sobald jemand in ihre Nähe kommt, richtet sie ihren Kopf auf und läßt ihre Zunge hervorschnellen. Das Unheimlichste aber ist das rasselnde Geräusch, das sie dann mit ihrer Schwanzklapper erzeugt. Die sonderbare Klapper besteht aus dicken, verhornten Hautringen und dient als „Alarmglocke" für alle, denen die Klapperschlange gefährlich werden kann. Die hier abgebildete Schlange wird Diamantklapperschlange genannt und ist mit 2 bis 2,5 Metern Länge die größte ihrer Art. Sie lebt in den Waldgebieten am Rande der Sümpfe im Südosten der Vereinigten Staaten. In der Dämmerung und nachts geht sie für gewöhnlich auf Beutefang; tagsüber schläft sie meist und greift nur an, wenn sie gestört wird.

*Weißt du,*
daß die Klapper dieser Schlangen meist nicht mehr als acht Ringe hat, weil die alten immer wieder abgestoßen werden? Daß die gebissenen Beutetiere eine Geruchsspur hinterlassen und die Klapperschlange sie deshalb immer wieder finden kann?

Die sechs bis zwölf Jungen der Diamantklapperschlange haben bei ihrer Geburt schon Giftdrüsen und das Endstück der Klapper, sie können aber noch kein Geräusch damit erzeugen. Rechts ist die stufenweise Entwicklung der Klapper abgebildet.

Die Klapperschlangen häuten sich drei- oder viermal jährlich, und nach dem Abstreifen der alten Haut kommt ein neues Klapperglied hinzu, während hinten immer wieder Glieder abfallen. Im allgemeinen besteht die Klapper aus 5 bis 12 Gliedern.

Die Klapperschlange geht nachts auf Jagd: ihre Beute besteht aus verschiedenen Nagetieren, kleinen Säugetieren, Vögeln und Früchten. Hier ist eine Klapperschlange abgebildet, die soeben eine Känguruhratte angreift.

Wenn die Tiere das Klappern der Klapperschlange hören, nehmen sie schleunigst Reißaus. Doch hier greift das Weibchen des Weißwedelhirsches die gefährliche Giftschlange an, um ihr Junges zu verteidigen.

Es gibt fast dreißig Arten von Klapperschlangen: die kleinste ist die Zwergklapperschlange (40 bis 50 Zentimeter). Mit ihnen und vor allem mit der Texasklapperschlange führen die Hopi-Indianer von Arizona heute noch einen traditionellen Schlangentanz auf. Es ist nicht genau bekannt, wie sie die Auswirkungen der Bisse überstehen, die meist tödlich sind.

Zwergklapperschlange

warzschwanzcrotalus

Waldklapperschlange

# Der Seeotter

Der Seeotter hat ein sehr schönes und vor allem begehrtes Fell und wäre deshalb beinahe ausgerottet worden. Zum Glück wurden die 150 Zentimeter langen Tiere (es sind nur noch einige Tausend) rechtzeitig geschützt und können heute ungestört an den Küsten und Inseln des Nordpazifiks leben. Besonders gern halten sie sich in der Nähe von zerklüfteten, schwer zugänglichen Küsten auf, denn sie wollen sich nachts nicht im Schlaf stören lassen. Die kurzen, paddelförmigen Beine dienen dem Seeotter als Ruder und sein starker Schwanz als Steuer. Er kann ebenso gut schwimmen wie sein Verwandter aus dem Süßwasser, der Fischotter. Tagsüber geht er auf die Jagd und sucht nach Fischen, Krebsen und Seeigeln. Hat er etwas gefangen, schwimmt er an die Oberfläche, legt sich auf den Rücken und verspeist genüßlich seine Beute. In dieser Stellung schläft er auch oft, doch vorher „verankert" er sich an den Algen, damit er von der Strömung nicht fortgetrieben werden kann. Ohren und Nasenlöcher kann er im Wasser verschließen. Die Seeotter haben einige „menschliche" Angewohnheiten — die Mutter trägt zum Beispiel ihr Junges auf dem Arm und säugt es, und nach jeder Mahlzeit putzen sich die Tiere Pfoten, Maul und Barthaare.

*Weißt du,*
daß der Seeotter seine Pfoten zum Schutz gegen die Sonne vor die Augen hält, wenn er den Kopf aus dem Wasser streckt? Daß die Tiere täglich etwa 7 bis 8 Kilogramm Nahrung — ein Viertel ihres Körpergewichtes — brauchen?

**Tägliche Nahrung:**

Außerdem ernährt sich der Seeotter von Weichtieren und Algen. Wenn er keine Nahrung findet, schwimmt er an den Strand und greift Wasservögel und sogar Nagetiere an.

Auf dem Festland wirkt der Seeotter plump, doch im Wasser wird er sehr flink und gewandt. Die Kleinen können noch nicht sofort schwimmen, doch sie lernen es sehr schnell, und wenn sie erwachsen sind, können sie bis zu vier Minuten unter Wasser bleiben. Die Seeotter sind lebhaft, gesellig und verspielt — manchmal veranstalten sie sogar Rutschpartien auf den Felsen.

Mutter Seeotter schaukelt auf den Wellen und drückt dabei ihr Junges liebevoll an die Brust. Um es nach und nach an das Leben unter Wasser zu gewöhnen, taucht sie immer wieder mit ihm hinab. Die erwachsenen Seeotter können bis zu 50 Meter tief tauchen.

Der Seeotter kann die vorderen Gliedmaßen wie Hände benützen! Mit einem Stein bricht er die harte Schale einer Muschel auseinander, um die Weichteile zu fressen. Dann legt er die „Arme“ wieder unter die Achsel und taucht erneut auf Nahrungssuche unter.

Der Mensch war früher der größte Feind des Seeotters, denn er rottete ihn beinahe aus. Andere Feinde des Tieres sind der Hai und der Schwertwal. Oft kann sich der Seeotter retten, indem er sich im Dickicht der Algen versteckt.

Der Seeotter macht manchmal ausgedehnte Nickerchen an der Wasseroberfläche und schwimmt dabei auf dem Rücken. Damit ihn die Strömung nicht wegträgt, verankert er sich oft an Algen.

# Der Präriehund

Obwohl er ein kläffendes Gebell ausstoßen kann, gehört der Präriehund nicht zur Familie der Hunde! Er ist ein Nagetier, 34 bis 36 Zentimeter lang und mit den Murmeltieren verwandt. Die Präriehunde leben in großen „Dörfern" zusammen, die aus weitverzweigten, selbst gegrabenen Erdbauten bestehen, die alle miteinander verbunden sind. Durch die Erdhöhlen richteten die Tiere große Verwüstungen an, denn ganze Gebiete wurden unterwühlt und somit für die landwirtschaftliche Nutzung unbrauchbar gemacht. Als die weißen Einwanderer das Land besiedelten, begannen sie, die Präriehunde zu vertreiben und auszurotten. Heute gibt es nur noch wenige Tiere, doch sie werden in Ruhe gelassen. Sie bauten sich in unbewohnten Gegenden oder in den großen Nationalparks neue Dörfer. Im Winter halten die Präriehunde einen Winterschlaf.

*Weißt du,*
daß ein Naturforscher eine Kolonie der Präriehunde mit einer Oberfläche von rund 65 000 Quadratkilometern entdeckte und errechnete, daß sie von weit mehr als 100 Millionen Tieren bewohnt war?

Die Höhleneingänge der Präriehunde stellen heimtückische Fallen für Rinder und Pferde dar, denn wenn sich die Tiere mit einem Bein darin verfangen, stürzen sie oft. Die Reiter werden meist aus dem Sattel geschleudert und können sich schwer verletzen.

Kommt ein Heulwolf in Sicht, schlagen die „Wachen“ sofort Alarm, und alle Präriehunde verstecken sich schnell in ihren Höhlen. Wenn sich der Angreifer entfernt hat, ertönt wieder ein Signal, und die Nagetiere kehren an die Oberfläche zurück.

Die Höhle des Präriehundes ist hier etwas vereinfacht dargestellt. Sie besteht aus vielen Gängen und führt in kleine Kammern, von denen jede eine andere Funktion erfüllt. Der Eingang ist durch einen hohen Erdwall geschützt, damit die Gänge bei starkem Regen nicht überschwemmt werden können. Kurz hinter dem Eingang befindet sich die „Wachstube“, in diese flieht das Tier, das Wache hat, bei Gefahr. Am Ende des waagerechten Ganges befindet sich eine mit Gras ausgepolsterte Brutkammer, in der die jungen Präriehunde untergebracht sind. Auf der entgegengesetzten Seite liegen die „Sanitären Anlagen“. Ein schmaler Tunnel führt schließlich zum Notausgang.

# Der Rennkuckuck

Der Rennkuckuck ist ein ganz merkwürdiger Vogel: er kann mit seinem langen Schnabel klappern wie ein Storch und macht kaum Gebrauch von seinen Flügeln, denn er bevorzugt es, zu Fuß zu gehen. Seine Beine sind stark, und deshalb fällt es ihm nicht schwer, bis zu 24 Kilometer in der Stunde zu schaffen! Die Amerikaner nennen den Vogel „Roadrunner“ (Straßenläufer), denn oft läuft er tagelang vor Reisenden auf der Straße her. Nicht einmal, wenn sich ihm ein Feind nähert, macht er Gebrauch von seinen Flügeln; er flattert dann nur ein wenig, läuft im Zickzack und macht riesige, 2 bis 3 Meter hohe Sprünge. Der Rennkuckuck wird 58 Zentimeter lang und ernährt sich vorwiegend von Heuschrecken und Mäusen — doch am liebsten frißt er Eidechsen! Er lebt in den Wüstengebieten des Südwestens und versteckt sein Nest zwischen Kakteen und Dornenbüschen.

*Weißt du,*
daß der Rennkuckuck sogar mit der Klapperschlange kämpft und sie mit einem Schnabelhieb auf den Hinterkopf tötet?

**Beutetiere des Rennkuckucks**

Insekten

Kleinsäuger

Der Rennkuckuck baut sein Nest aus Halmen, trockenen Blättern und manchmal sogar aus Schlangenhäuten. Die drei bis sechs Jungen können sogar Eidechsen schlucken, die beinahe so groß sind wie sie selbst!

Der Rennkuckuck lockt einen Heulwolf von seinen Jungen weg, indem er ihm vortäuscht, er sei lahm. Der Räuber versucht, den hinkenden Vogel zu erhaschen, doch sobald er dicht vor ihm ist, macht der Rennkuckuck einen Satz und entwischt.

Hier verfolgt der Rennkuckuck eine Eidechse. Sein Schwanz dient ihm als Steuer und hilft ihm, gewagte Zickzack-Sprünge zu machen. So fällt es ihm nicht schwer, die flinke Echse einzuholen und zu packen.

Mit einem Satz springt der Rennkuckuck in die Luft und fängt einen Finkenvogel, denn außer Heuschrecken, Mäusen und Eidechsen frißt er auch Schmetterlinge und kleine Vögel recht gern.

Doch nicht immer hat er Glück beim Beutefang. Hier schützt sich die Krötenechse — eine seltene Leguanart — vor dem Angreifer, indem sie ihm eine rote Flüssigkeit aus ihren Augenlidern entgegenspritzt.

Wenn man die Rennkuckucke sehr jung fängt, können sie nützliche Haustiere werden. Außer Insekten und Mäusen vernichten sie auch Klapperschlangen, die manchmal unbemerkt in die mexikanischen Bauernhöfe eindringen.

# Das nordamerikanische Opossum

Das katzengroße Opossum hat ein außerordentlich kleines Gehirn, zusammenfaltbare Ohren und ein dickes, wolliges Fell. Es ist 46—48 Zentimeter lang und hat einen 44 Zentimeter langen, starken Greifschwanz, der ihm als Bremse dient und beim Klettern hilft. Manchmal schlingt er den Schwanz auch um einen Ast und hängt dann stundenlang freischwebend mit dem Kopf nach unten am Baum.
Das außergewöhnlichste am Opossum aber ist der Brutbeutel des Weibchens! Sofort nach der Geburt kommen die Jungen hinein und werden noch 50 Tage darin gesäugt. Das Opossum geht für gewöhnlich nur in der Dämmerung oder nachts auf die Jagd und richtet in Hühnerhöfen oft großen Schaden an.

*Weißt du,*
daß das Opossum seine Nahrung wie ein Eichhörnchen mit den Vorderpfoten ergreift und frißt? Daß die kleinen Beutelratten manchmal in den Fruchtstauden von Bananen als blinde Passagiere auch nach Europa eingeschleust werden?

**Was frißt das Opossum?**
Das sehr gefräßige Beuteltier verschlingt beinahe alles: Insekten, Würmer, Eier, Vögel, kleine Säugetiere, Schlangen und sogar Aas. Es verachtet aber auch Pflanzenkost wie zum Beispiel Samen, Wurzeln und Obst nicht!

Das Opossum baut sich kein eigenes Nest, sondern sucht sich eine von Eulen oder Stinktieren verlassene Höhle und nistet sich dort ein. Mit seinem Greifschwanz transportiert es Blätter und Halme, um seine „Wohnung“ damit auszupolstern.

Das Weibchen bringt bis zu zwanzig Junge zur Welt. Sie sind bei der Geburt rosig und nur einige Millimeter groß. Von den winzigen Neugeborenen passen über 15 Stück in einen Teelöffel!

Das Opossum richtet riesige Verwüstungen in den Hühnerställen an. Es tötet die Tiere oft nur, um das Blut seiner Opfer aussaugen zu können.

Das Opossum wird hauptsächlich wegen seines Fells vom Menschen gejagt. Doch es hat noch viele andere Feinde: Rotluchse, Falken, Heulwölfe und Eulen.

Nach der Geburt kommen die Jungen in den warmen Brutbeutel der Mutter und werden dort noch fünfzig Tage lang gesäugt. Dann klettern sie heraus, steigen auf den Rücken der Mutter, krallen sich am Fell fest und lassen sich spazierentragen.

Wird es sehr in die Enge getrieben, setzt sich das Opossum nicht zur Wehr, sondern läßt sich auf den Boden fallen und stellt sich tot. Seine Feinde betrachten den reglosen Körper des Beuteltiers erstaunt und entfernen sich dann oft, ohne das Opossum zu töten.

# Der Heulwolf

Ursprünglich lebte der Heulwolf, der auch Cojote genannt wird, nur in den endlosen Prärien Nordamerikas. Doch mit der Erschließung Amerikas stieß er immer mehr in bewohnte Gebiete vor, denn hier fand das ewig hungrige Tier plötzlich ungeahnte Nahrungsquellen in den Ställen und Schafspferchen der Siedler. Doch oft bleibt dem Heulwolf nichts anderes übrig, als sich mit Abfällen oder den Resten von Mahlzeiten anderer zu begnügen. Die 90 bis 125 Zentimeter langen wolfsähnlichen Hunde sind Nachttiere und leben in Familiengruppen zusammen; es gibt aber auch Einzelgänger unter ihnen. Tagsüber verhalten sich die Tiere ruhig, doch nachts kann man ihr durchdringendes Gebell überall hören.

*Weißt du,*
daß der Heulwolf gezähmt werden kann und daß er dann sogar als Wachhund für Schafe eingesetzt wird?

Die Heulwölfe graben sich ihre Höhlen nur selten selbst, sie verjagen viel lieber irgendein Tier (hier zum Beispiel einen Dachs), erweitern das Erdloch und ziehen dann ein.

Oft bewohnt das Männchen eine eigene Höhle in der Nähe des Weibchens, das jährlich vier bis zehn Junge zur Welt bringt. Wenn die kleinen Heulwölfe zwei Monate alt sind, führt sie der Vater einzeln aus der Höhle.

Der Cojote ist nicht nur ein sehr erfahrener Jäger, sondern auch ein erstklassiger Läufer; er schafft bis zu 65 km in der Stunde! Es fällt ihm deshalb nicht schwer, auch schnelle Beutetiere zu verfolgen, wie zum Beispiel diesen Hasen.

Der Cojote ist immer auf der Jagd. Früher fanden die Tiere leicht ausreichend Beute in den Rudeln der Gabelböcke. Mit zunehmender Besiedlung durch den Menschen fingen die Cojoten an, auch Haustiere zu erbeuten.

Der Heulwolf ist sehr flink und kann deshalb auch geschickte und sehr starke Raubtiere überlisten. Hier schnappt er einem Bären den soeben gefangenen Fisch einfach unter der Nase weg.

Die Cojoten halten sich gerne in der Nähe der Autobahnen auf, um in Resten von Picknicks der Touristen zu wühlen oder um das Aas kleiner überfahrener Nagetiere aufzustöbern.

# Der Alligator

Der Alligator ist mit dem Nilkrokodil verwandt und sieht ihm zum Verwechseln ähnlich. Es ist sehr schwierig, die beiden Tiere auseinanderzuhalten, doch wer sich die folgenden Unterschiede gut merkt, wird es bald wissen: Das afrikanische Nilkrokodil ist grünlich und hat ein langes, spitzes Maul. Der Alligator ist dagegen eher bräunlich, hat hervorstehende Augen, ein breites, an der Spitze abgerundetes Maul und kleinere, aber dichter stehende Zähne. Er ist ein Vielfraß, der oft sogar seine eigenen Jungen frißt — doch den Menschen rührt er nicht an! Der Alligator kann 2,5 bis 4 Meter lang werden. Seine Nasenöffnungen, Augen und Ohren liegen so erhöht am Kopf, daß sie auch über Wasser ragen, wenn das Tier waagerecht im Fluß liegt. Der Alligator ist ein ausgezeichneter Schwimmer und lauert oft stundenlang reglos auf eine Beute. Manchmal unternimmt er einen Ausflug an Land und wärmt sich in der Sonne.

*Weißt du,*
daß die Alligatoren zu den wenigen Reptilien gehören, die eine „Stimme" haben? Daß die Jungen nur quäken, die Erwachsenen aber brüllen können?

Beutetiere des Alligators:

Krebstiere

Nagetiere und Fische

Frösche

Das Weibchen des Alligators legt in einem hohen Nisthügel aus Schlamm und Gras 30 bis 70 Eier und deckt sie anschließend zu. Die Eier werden durch die Wärme, die bei der Gärung der Pflanzen entsteht, ausgebrütet und öffnen sich nach 2 Monaten. Die

Mutter hilft den Kleinen, ins Freie zu kommen. Viele Feinde lauern auf die Jungen: Der Waschbär, der Fischotter, der Reiher, aber auch Schlangen und Schildkröten!

Wenn der Alligator ausgewachsen ist, sucht er sich eine sumpfige Wasserlache und erwählt sie zu seinem Stammplatz. Dann versteckt er sich, so gut es geht, und greift jedes Tier an, das sich ihm nähert (hier z. B. eine Klapperschlange).

Auf dem Festland ist der Alligator langsam und träge, im Wasser wird er dagegen flink und sehr gewandt. Hier verfolgt er gerade einen Schwarm von Alligatorfischen, denn diese gehören zu seiner Lieblingsnahrung.

Während der Paarungszeit verläßt der Alligator manchmal den Sumpf und nähert sich den umliegenden Bauernhöfen, um dort Haustiere zu erbeuten.

Es gibt Männer, die sich einen Sport daraus machen, Alligatoren mit bloßen Händen zu fangen. Sie pressen die Kiefer des Reptils zusammen und müssen unter allen Umständen vermeiden, von den schrecklichen Schwanzhieben des Tieres getroffen zu werden.

# Der Gabelbock

Der Gabelbock ist der schnellste Vierfüßer Amerikas, denn er schafft über achtzig Kilometer in der Stunde! Er ist ein Wiederkäuer, 130 Zentimeter lang und ein vorzüglicher Schwimmer — nur springen kann er nicht gut. Seine hohlen Hörner wirft er jedes Jahr einmal ab, und an dem knochigen Ansatz wachsen neue nach. Die Hörner der Weibchen sind sehr viel kleiner und fehlen manchmal sogar ganz. Das seltsamste am Gabelbock aber ist sein „Spiegel“: Zwei weiße Haarpolster, die auf den Hinterkeulen sitzen und sich bei Gefahr sträuben! Gleichzeitig strömt ein scharfer, durchdringender Geruch aus, durch den die ganze Herde rechtzeitig alarmiert wird und fliehen kann. Wenn die Herde ungestört weiden will, wird eine Wache aufgestellt, die Alarm schlägt, wenn sie Luchse, Heulwölfe oder auch Menschen entdeckt. Die Gabelböcke wurden beinahe ausgerottet, doch glücklicherweise setzten noch rechtzeitig intensive Schutzmaßnahmen ein, und die seltenen Tiere konnten gerettet werden.

*Weißt du,*
daß es im 18. Jahrhundert noch vierzig Millionen Gabelböcke gab? Daß die Jungen bereits zwei Tage nach der Geburt schon schneller als ein Hund laufen können?

In den großen amerikanischen Nationalparks findet man Rudel von etwa hundert Gabelböcken, die sich oft den Bisonherden anschließen. Ein Gabelbock hält Wache auf dem höchsten Punkt eines Hügels. Sieht er etwas Gefährliches, läßt er eine Art Gebell ertönen. Zur Paarungszeit kämpfen die Männchen um die Weibchen.

Die Mutter nährt ihre beiden Jungen nachts. Tagsüber trennt sie die beiden und versteckt jedes an einen sicheren Platz. Droht den Jungen Gefahr, bleiben sie reglos liegen, und oft streifen die Räuber (hier ein Puma) vorbei, ohne sie zu bemerken.

Die Gabelböcke sind sehr mutig und greifen sogar Wölfe, Cojoten, Füchse und Adler an. Wenn sie erregt sind, richten sich die langen weißen Haare an den Hinterkeulen auf: durch dieses Alarmzeichen werden die anderen Tiere rechtzeitig gewarnt.

Im Winter schließen sich die Gabelböcke zu größeren Herden zusammen. Wenn sie kein Gras mehr finden, fressen sie Salbeibüschel, und oft treibt sie der Hunger bis zu den Pflanzungen der Farmer.

Gabelböcke sind neugierig — schon wenn man ein Taschentuch schwenkt, werden sie angelockt. Wenn ein Auto vorbeifährt, fällt es den schnellen Läufern nicht schwer, das Fahrzeug zu überholen.

# Die Krustenechse

Die massige und plumpe Krustenechse ist die einzige giftige Echse der Welt! Ihr Gift ist in der Zusammensetzung dem Schlangengift sehr ähnlich. Die 50 Zentimeter lange Echse sieht aus, als sei sie mit vielen winzigen gelben, rosaroten, braunen und schwarzen Perlen bestickt. Tagsüber ist sie sehr träge und schläft meist in Erdhöhlen versteckt — doch sobald die Nacht einbricht, wird sie munterer und geht auf Nahrungssuche. Durch die klimatischen Umstände ihrer Heimat wird sie manchmal gezwungen, mehrere Monate lang zu hungern, doch durch die Fettreserven, die sie in ihrem dicken, rundlichen Schwanz speichert, überlebt sie auch längere Fastenzeiten gut.

**Nahrung:**

Eier von Reptilien
und Vögeln
sowie kleine Nagetiere
und Vögel

*Weißt du,*
daß kleinere Tiere sehr schnell am Gift der Krustenechse sterben, während es beim Menschen nur selten tödlich wirkt?

Die Krustenechse gräbt ihre Erdhöhle meist am Fuße von Kakteen, Büschen oder Felsen. Nach Sonnenuntergang geht sie auf Beutefang und sucht zuerst nach einer Spur. Hat sie eine gefunden, läßt sie ihre Zunge in kurzen Abständen hervorschnellen und tasten damit den Boden ab, denn sie besitzen ein Geruchsorgan am Gaumen.

Manchmal begegnet der Krustenechse eine große Spinne, die ebenfalls sehr giftig ist: Es ist die Vogelspinne! Die große Echse kann die Vogelspinne aber nur ganz selten fangen, denn wenn sie sich treffen, macht sich diese schnell aus dem Staub!

Obwohl sich die Krustenechse meist nur sehr langsam bewegt, kann sie hervorragend klettern. Wenn sie ein Nest wittert, besteigt sie sogar Bäume und frißt Eier und Jungvögel.

Das Weibchen legt 3 bis 12 Eier in den Sand, und nach einem Monat öffnen sie sich. Die etwa 20 Zentimeter langen Neugeborenen haben schon voll ausgebildete Giftdrüsen. Sie besorgen sich ihre Nahrung, die zunächst aus Insekten besteht, sofort selbst.

Wer eine Krustenechse fangen will, muß sie mit einem Stock reizen: Sie stürzt sich darauf, packt ihn und läßt ihn nicht mehr los! Obwohl ihr Gift auf den Menschen nur selten tödlich wirkt, können die Auswirkungen doch sehr gefährlich sein.

# Der Rotluchs

Blitzschnell und geräuschlos stürzt sich der Rotluchs auf seine Beute. Er frißt vorwiegend Vögel, Kleinsäugetiere und insbesondere Nagetiere. Wenn er im Winter sehr hungrig ist, greift er aber auch Schafe und sogar Hirsche an. Der Rotluchs ist 95 Zentimeter lang und hat spitze Ohren, ein schön gezeichnetes Fell und einen buschigen Schwanz. Seine Höhle liegt meist in einem hohlen Baum oder zwischen den Wurzeln einer großen Pflanze versteckt. Das Verbreitungsgebiet des Rotluchses reicht von Südkanada bis Mexiko. Er wird oft mit dem kanadischen Luchs, der aber ein wesentlich helleres Fell hat, verwechselt. Das Weibchen des Rotluchses bringt zwei Junge zur Welt. Es zeigt ihnen, wie sie ihrem größten Feind, dem Menschen, aus dem Weg gehen können und wie sie sich am besten Nahrung verschaffen.

*Weißt du,*
daß die Wildkatzen fünfzehn Jahre alt werden — und in Gefangenschaft sogar noch älter?

**Beutetiere des Rotluchses:**

Truthähne

Wildkaninchen

Das Weibchen bringt 2–4 Junge zur Welt. Es zeigt ihnen, wie man auf Bäume klettert, sich lautlos auf eine Beute stürzt, Eichhörnchen jagt und fischt.

Wenn sie sehr hungrig sind, greifen die Rotluchse auch Baumstachelschweine an, denn trotz der gefährlichen Stacheln gelingt es ihnen manchmal, das Tier zu überwältigen.

Der einzige Feind der Raubkatze ist der Mensch. In den USA ist die Jagd auf den Rotluchs ein weitverbreiteter Sport, und dem von Spürhunden verfolgten Tier bleibt oft nichts anderes mehr übrig, als auf die Spitze einer riesigen Kaktee zu flüchten.

Wenn der Rotluchs großen Hunger hat, verläßt er sein Gebiet und jagt in Gegenden, die bis zu achtzig Kilometer entfernt sind. Dann fällt er auch größere Tiere an — wie zum Beispiel hier das Weibchen des Weißwedelhirsches.

Bei seinen nächtlichen Streifzügen hat der Rotluchs ein Stinktier aufgeschreckt. Der Fleckenskunk ist das einzige Stinktier, das beim Verspritzen seiner Stinkflüssigkeit einen „Handstand" macht.

# Das Nabelschwein

Trotz seines schweineartigen Aussehens zählt das Nabelschwein nicht zur Familie der Schweine, denn es hat ein richtiges Raubtiergebiß mit scharfen, spitzen Zähnen. Das Tier ist 90 bis 100 Zentimeter lang, hat ein borstiges, graubraunes Fell und nur einen ganz kleinen Schwanz. Das hier abgebildete Tier hat noch zusätzlich einen weißlichen Streifen rund um den Hals, es wird deshalb „Halsbandnabelschwein" genannt. Mit viel Ausdauer wälzt sich das Tier im Schlamm und gräbt mit seinen Füßen nach Insekten, Würmern, Knollen und Wurzeln. In Plantagen richtet es oft große Verwüstungen an. Das Nabelschwein bleibt nie lange an demselben Ort, sondern wandert durch waldige und trockene Gebiete im Süden der Vereinigten Staaten, im Norden Mexikos und in Südamerika. Es meidet den Menschen, doch wenn es verletzt wird oder wenn seine Jungen in Gefahr sind, kämpft es mutig und wild.

*Weißt du,*
daß das Nabelschwein auf dem Rücken eine nabelförmige, stinkende Drüse hat, die ein Duftöl absondert? An dem durchdringenden Geruch kann man die Tiere schon von weitem erkennen.

**Beutetiere des Nabelschweines:**

Insekten

Nagetiere

Die Nabelschweine sind Allesfresser und wühlen in allem, was sie finden können. Sie verschlucken sogar Kakteen, verdauen sie mitsamt den Stacheln und fressen auch Aas. Meist schließen sie sich zu Rotten von etwa 12 Tieren zusammen und marschieren im Dickicht der Wälder in Reih und Glied. Die Weibchen bringen zwei bis vier Junge zur Welt, die sofort quicklebendig sind und schon wenige Stunden nach ihrer Geburt laufen können.

Die Nabelschweine bleiben nie lange in derselben Gegend. Wenn sie zufällig auf eine Giftschlange treffen, werfen sie sich auf sie und trampeln sie tot — und dann wird die Schlange gefressen!

Ein Rotluchs greift ein Nabelschwein an, das sich von seiner Rotte entfernt hat. Auch Jaguare, Wölfe, Pumas und Cojoten verfolgen die Tiere. Wenn die Schweine verletzt sind oder wenn sie ihre Jungen verteidigen müssen, werden sie äußerst gefährlich!

Hier wird ein Neunbinden-Gürteltier von einer Schar vor Nabelschweinen verfolgt. Leider hat dieses Gürteltier nicht die Fähigkeit, sich zusammenrollen zu können. Es springt deshalb ins Wasser — doch auch die Nabelschweine können gut schwimmen!

In Mittel- und Südamerika leben die Weißbartnabelschweine, die größer und noch angriffslustiger sind als ihre Verwandten. Sogar der kampflustige Jaguar greift die Tiere nur an, wenn er sehr hungrig ist!

# Der Seelöwe

In jedem Zirkus kann man Seelöwen bestaunen, die auf ihren Nasenspitzen geschickt große und kleine Gegenstände balancieren. Die Tiere haben sehr viel Ausdauer, sind intelligent und lassen sich leicht dressieren. Von den Seehunden — mit denen sie immer verwechselt werden — unterscheiden sie sich durch ihre winzigen Ohrmuscheln; außerdem können sie sich mit ihren Ruderflossenfüßen verhältnismäßig rasch fortbewegen.
Sie treten dabei aber nicht mit den Zehen auf, sondern bewegen sich auf den Gelenken fort — es sieht deshalb so aus, als gingen sie auf Stelzen! Der Seelöwe kann mehrere Minuten unter Wasser bleiben und bis zu 100 Meter tief tauchen! Dem schnellen Schwimmer entgeht keine Beute, und oft packt er auch Möven und andere schwimmende Seevögel, indem er blitzschnell von unten auftaucht. Der 1,8 bis 2 Meter lange kalifornische Seelöwe (siehe Bild) hat ein Raubtiergebiß- und auch Menschen wurden damit schon gefährlich verletzt.

*Weißt du,*
daß auch Seelöwen, die nicht dressiert sind, gern Gegenstände auf der Nasenspitze balancieren?

**Nahrung:**

Im Mai steigen die Männchen an Land, und vierzehn Tage später kommen dann auch die Weibchen. Nun beginnen die Männchen, wild gegeneinander zu kämpfen, denn jedes will 10 bis 20 Weibchen für sich allein haben, die sie dann später eifersüchtig bewachen. Die Mütter müssen ihre Jungen zuerst zwingen, ins Wasser zu gehen, aber bald gewöhnen sie sich daran und spielen dann vergnügt mit den Gleichaltrigen. Die Jungen fressen noch keinen Fisch, sondern schwimmen immer wieder ans Ufer zurück und werden dort von der Mutter gesäugt.

Die Seelöwen ernähren sich vorwiegend von Kopffüßern und Fischen. Sie sind stromlinienförmig gebaut, können bis zu vierzig Kilometer in der Stunde schwimmen und 15 Minuten unter Wasser bleiben!

Jahrelang wurden die Seelöwen erbarmungslos gejagt. Heute sind sie geschützt, und in der Zwischenzeit gibt es wieder rund 24 000 Tiere. Hier fängt ein Jäger gerade ein lebendes Tier, das er an einen Zoo verkaufen will.

Die Seebären kehren jedes Jahr zu den Pribylowinseln, ihrem Geburtsort, zurück. Dort erwartet sie ein grausames Schicksal — die Jäger erschlagen sie mit Knüppeln, damit das kostbare Fell nicht beschädigt wird!

Der See-Elefant ist der Riese unter den Flossenfüßern: Er wird bis zu 6,5 Meter lang und 3600 Kilogramm schwer! Heute leben auf der Insel Guadeloupe bei Mexiko nur noch einige Hundert der großen Tiere.

# Der Nasenbär

Der Nasenbär ist immer hungrig und durchwühlt vom Boden bis in die Baumkronen ständig alles nach Nahrung. Seine rüsselartig verlängerte Schnauze kann er leicht in jedes kleine Erdloch und jede noch so schmale Ritze stecken. Er frißt Larven, Insekten und Würmer — doch auch Pflanzenkost verschmäht er nicht! Das 55 bis 60 Zentimeter lange Tier sieht aus wie eine riesige Spitzmaus und ist der nächste Verwandte des Waschbären. Sein schöner geringelter Schwanz ist zusätzlich 45 bis 50 Zentimeter lang. Die Nasenbären leben in Gruppen, und obwohl die Männchen während der Paarungszeit manchmal wild um die Weibchen kämpfen, bleiben die Tiere immer zusammen. Die Mutter polstert für ihre drei bis fünf Jungen, die bei der Geburt noch blind sind, ein weiches Nest in einer Baumhöhle aus. Das Verbreitungsgebiet des braungrauen Nasenbären reicht von Arizona bis Südamerika.

*Weißt du,*
daß der Nasenbär vom Pfeifen bis zum Brummen sehr viele Töne hervorbringen kann? Daß die Bären ihre Beute säubern und manchmal sogar waschen?

**Nahrung:**

Vogelbrut

Beeren

Eidechsen

Die männlichen Nasenbären streiten sich oft um ihre Nahrung, doch ihre Raufereien sind unblutig. Gefährlich und wild werden die Bären erst, wenn sie während der Paarungszeit um ein Weibchen kämpfen.

Die Nasenbären suchen immer und überall nach Nahrung. Sie graben im Boden und heben sogar Steine hoch, um Insekten zu finden. Hin und wieder stoßen sie dabei auch auf Giftspinnen, doch nicht einmal das kann ihren Appetit verderben!

Der Nasenbär ist intelligent, beweglich und kann gut klettern, graben und schwimmen. Er frißt Insekten, wirbellose Tiere, Vögel und Reptilien. Hier macht er gerade Jagd auf einen Vogel.

Im Herbst bringt das Weibchen drei bis fünf Junge an einem einsamen Ort zur Welt. Wenn es bemerkt, daß ein Feind (hier zum Beispiel ein Ozelot) ihre Jungen entdeckt hat, bringt es sie, so gut es geht, in Sicherheit.

Der rote Nasenbär lebt in Südamerika und hat genauso viele Feinde wie sein naher Verwandter, der braungraue Nasenbär: Pumas, Ozelots, Adler und Eulen. Er läßt sich leicht zähmen und ist dann gutmütig und friedlich. Bier trinkt er ganz besonders gern!

# Die Kanadagans

Die Kanadagans ist eine Verwandte unserer Hausgans und sieht bis auf den langen, schwarzen Hals auch genauso aus. Es gibt verschiedene Arten, von denen die kleinste nicht größer ist als eine Ente, die größte dagegen 90 bis 100 Zentimeter lang, fünfmal so schwer und fast schwanengroß. Einige Unterarten der Kanadagans wechseln ihren Wohnsitz nie, andere ziehen im Herbst in wärmere Länder und überwintern dort. Sie kehren aber jedes Jahr zurück und nisten dann immer an derselben Stelle. Im Juli verliert die Kanadagans eine Menge Federn und kann dann einige Zeit nicht richtig fliegen. Sie hält sich so lange vor ihren Feinden im Dickicht versteckt, bis die Flügel wieder richtig nachgewachsen sind.

*Weißt du,*
daß die Kanadagänse auch in anderen Ländern „eingebürgert“ wurden, so zum Beispiel in Schweden, England und Neuseeland?

**Die Nahrung der Kanadagans** besteht aus Gräsern, Trieben, Keimen und Wasserpflanzen. Sie ernährt sich auch von Larven, Insekten und Kaulquappen.

Im Herbst verlassen die Kanadagänse ihre Niststätte im hohen Norden Amerikas und ziehen bis zur einige tausend Kilometer entfernten Pazifikküste, denn dort ist es wesentlich wärmer. Sie fliegen mit einer Durchschnittsgeschwindigkeit von fünfunddreißig Kilometern in der Stunde. Die Tiere an der Spitze wechseln sich immer wieder ab, denn es ist sehr mühsam, gegen den Luftwiderstand anzufliegen.

Die Kanadagans legt durchschnittlich fünf Eier, die sie vor vielen Gefahren schützen muß. Während der Brutzeit sind die Gänse besonders angriffslustig. Wenn sich ein Mensch dem Nest nähert, stürzen sie sich sofort auf ihn und peitschen mit ihren Flügeln.

Wenn die Mutter ein Alarmzeichen gibt, tauchen die kleinen Gänse sofort unter — doch durch die Luft, die zwischen ihren Federn sitzt, werden sie immer wieder an die Wasseroberfläche getrieben. Sie halten sich deshalb meist an einer Wasserpflanze fest und tauchen erst wieder auf, wenn die Gefahr vorüber ist.

Die Kanadagänse vertilgen sehr viel Futter und verdoppeln bereits in der ersten Lebenswoche ihr Gewicht. Sie halten sich gern im Wasser auf und werden von den Eltern auf dem Weg dorthin begleitet, denn Schlangen, Wiesel und Iltisse lauern auf die Beute. Die dunklen Federn bilden sich erst fünf bis sechs Wochen nach dem Ausschlüpfen. Zu dieser Zeit können die kleinen Kanadagänse schon ausgezeichnet schwimmen.